DESSINS

ANCIENS & MODERNES

21 FÉVRIER 1881

Me ESCRIBE
COMMISSAIRE-PRISEUR
6, *rue de Hanovre*, 6

M. PÉRICHOT
MARCHAND D'ESTAMPES, LIBRAIRE
53 bis, *quai des Grands-Augustins*

F. AUREAU
IMPRIMERIE DE LAGNY

(2)

CATALOGUE

DES

DESSINS

ANCIENS ET MODERNES

ÉCOLES FRANÇAISE, ITALIENNE, FLAMANDE, HOLLANDAISE ET ALLEMANDE

DESSINS DE VIGNETTES, CARICATURES ET ORNEMENTS

Dont la vente aux enchères publiques aura lieu

Hôtel des Commissaires-Priseurs, rue Drouot, n° 9

SALLE 7, AU PREMIER ÉTAGE

Le Lundi 21 Février 1881

A UNE HEURE ET DEMIE PRÉCISE

Par le ministère de Mᵉ ESCRIBE, Commissaire-Priseur,
6, rue de Hanovre,

Assisté de M. F. PÉRICHOT, Marchand d'Estampes, Libraire,
53 *bis*, quai des Grands-Augustins.

EXPOSITION PUBLIQUE

Le Dimanche 20 Février 1881

—

PARIS, 1881

CONDITIONS DE LA VENTE

Elle sera faite au comptant.

Les adjudicataires payeront *cinq pour cent* en sus des enchères.

L'Expert, chargé de la vente, se réserve la faculté de rassembler ou de diviser les lots.

DÉSIGNATION

ANONYME

1 — Pendules. Cinq pièces. — Costume militaire, au crayon noir. — Costumes par Jourdain, 1792. — Cariatide et petit vase. — Ruines de la Bastille, aquarelle. Cinq pièces.

2 — Suite de onze pièces pour un Nouveau Testament.
A la plume.

3 — La mère Michel et le père Loustucru. — Sonneur de trompe et Bourgeois réveillé.
Quatre pièces au pastel.

ADAM

4 — Chandelier et Saint-Sacrement. Deux pièces.
A la plume, lavis de sépia.

ADAM (Victor)

5 — Costumes divers des Cent-Gardes. Quatre costumes sur la même feuille.
A l'aquarelle.

AUBERT

6 — Rêve de Marie-Louise.
A la sépia.

ARCHITECTURE

7 — Grand projet pour un monument à élever au Trocadéro en l'honneur de Louis XVIII. — Décoration pour une fête au Havre. — Porte d'un arsenal. — Monument funèbre. — Arc de triomphe à la gloire de Napoléon Ier. Cinq pièces.

BACCICIA (Gio. Bat. Cauli)

8 — Cartouches.
A la plume.

BALESTRINA (Antonio)

9 — L'Annonciation.
A la plume et au bistre.

BAQUOY

10 — La Science.
Haut de page pour illustrer un volume, à la sanguine.

BAROZZO (1538)

11 — La vie de la Vierge. Deux pièces.
Lavis avec des rehauts de blanc.

12 — L'adoration des Bergers. — La Circoncision. Deux pièces.
Lavis avec rehauts de blanc.

BEAUCÉ (Vivant) (1842)

13 — Lit du XVIIIe siècle.

BERETTINI (dit Pietre de Cortone)

14 — Sibylle annonçant la naissance du Christ.
A la sanguine. Collection de Caylus.

BERGERET

15 — Etude pour le tableau de Raphaël.
Au crayon noir.

BERNIN (le) ET **CARRACHE** (le)

16 — Vierge et l'enfant Jésus.
A la plume et lavis.
Vierge et l'enfant Jésus. Ensemble deux pièces.
A la plume.

BLOEMART

17 — Les Jardiniers. — Le menuisier. Deux pièces.
Plume et lavis.

BLONDEL

18 — Le Val-de-Grâce.
Charmant dessin à la plume et au lavis.

19 — Ornements d'église. Trois pièces.
A la sanguine.

BOISSIEU (DE)

20 — Têtes d'hommes.
Crayon et lavis.

BOL (HANS) (1587)

21 — Saint Hubert.
Sujet dans un charmant paysage, à la plume et au lavis. Pièce signée et datée.

BOQUET

22 — Billet de confession.
A la plume et lavis d'encre de Chine.

BOREL

23 — Dessins de vignettes.
Charmants dessins à la plume et au lavis d'encre de Chine.

BOTH

24 — Paysage.
Lavis à la sanguine.

BOUCHER (FRANÇOIS)

25 — Vénus sur l'onde.
Haut de page vignette, à la plume. A été gravé.

26 — Frontispice de l'Histoire de Louis XV.
Superbe composition à la mine de plomb.

27 — Amour.
Très beau dessin aux deux crayons, sur papier teinté.

28 — Amour et Satyre. — Amour. Deux pièces.
Au crayon noir avec quelques touches de blanc.

29 — Femme couchée.
A la sanguine.

30 — Femme assise.
Au crayon noir estompé.

31 — La Convoitise.
Au crayon noir, touches de blanc.

32 — Têtes de jeunes femmes.
Au crayon noir.

33 — Tête de garçon.
Au crayon noir.

34 — Amour étendant les bras.
Aux deux crayons.

35 — Femme donnant à manger à son enfant.
Au crayon noir.

BOUCHER

36 — Christ à la colonne. — Saint Sébastien. Deux pièces.
A la sanguine.

BOULE

37 — Théière.
A la plume et lavis.

BREUGHEL (Pierre d'Enfer)

38 — Moines et soldats.
Très curieux dessin à la plume.

BREVET DE CAPITAINE

39 — Brevet d'un capitaine de cuirassiers hollandais.
Pièce manuscrite datée de Nymwegen, 12 avril 1686, sous le gouvernement de Frédérick Hendrik, prince d'Orange.

BRIL (Paul)

40 — Paysages. Deux pièces.
Grandes compositions in-fol., lavis au bistre et indigo.

BURGMAIR ? (Hans)

41 — Enfant offrant un casque à un guerrier.
A la pierre d'Italie.

CALLOT (Jacques)

42 — Personnage grotesque combattant à cheval sur un éléphant. — Personnage à cheval sur un bouc. Deux pièces.
A la plume et au lavis.

CANDIDI (Pierre)

43 — La Madeleine.
A la sanguine, lavis de bistre.

CARAVAGE (Polydore de)

44 — L'Abondance, lavis avec des rehauts de blanc. — Combat de cavalerie, à la plume.

CARRACHE (Annibal)

45 — Les Apôtres. Suite complète de quatorze pièces.
A la plume et numérotées de un à quatorze, pouvant se mettre dans un livre d'heures.

CAUVET

46 — Ornements d'appartements. Cinq pièces.
A la plume, deux des dessins sont des aquarelles.

47 — Ornements. Deux pièces.
A la plume.

CHAM (Comte de Noé)

48 — Caricature sur l'Eau des fées.
Petit croquis à la plume avec légende.

CHAUDET

49 — Le départ pour le bal.
Jolie aquarelle.

CARICATURES

50 — Les Calicots.
Très jolie caricature à l'aquarelle.

51 — Ministre anglais renvoyé la pelle au dos.
Caricature anglaise à la plume.

52 — Indiens et famille de bourgeois.
Caricature à l'aquarelle.

CHENAVARD

53 — Rinceaux. Deux pièces.
Plume et lavis.

54 — Petit titre pour un album musical.
A la mine de plomb, daté 1840.

55 — Plafond.
Jolie composition à l'aquarelle d'une grande fraîcheur de tons.

CHODOWIECKI (D.) 1784

56 — Joli dessin de vignette.
A la mine de plomb.

COCHIN (N.)

57 — Modèles de médailles. Deux pièces.
A la sanguine.

58 — Maison de Lafontaine à Château-Thierry.
Charmant et très intéressant dessin, petit in-8, pouvant se placer dans les œuvres de Lafontaine.

COLONNA (Auguste)

59 — Ornements genre rocaille. Deux pièces.
A la plume, lavis d'encre.

COSTAR

60 — Monstres. — Nains. — Grande caricature d'un personnage à lunettes. Trois pièces.
A la plume.

COSTUMES

61 — Charmant petit costume de femme galante, du commencement du XVIIe siècle avec cette inscription :

La vierge est un oiseau fort rare en ce monde.

Autre costume de femme hollandaise. Deux pièces sur la même feuille.

A l'aquarelle avec rehauts d'or.

62 — Costumes de soldats suisse, espagnol et français. Trois feuilles.

A l'aquarelle.

CUYP (ALBERT)

63 — Vaches.

Petite pièce au lavis.

DARET

64 — Prélat recevant un ouvrage des mains de la Renommée.

Très beau frontispice de volume, lavé à l'indigo.

DARJOU (A.)

65 — Mort du frère de la Doctrine chrétienne pendant le siège de Paris, 1870, dessiné d'après nature. — Scène de sport. — Caricature de chasseur. — Punch. — Je suis à bout de ressource, que faire? que t'es bête, fonde un journal. Cinq pièces.

A la mine de plomb.

66 — Frontispice pour une chanson de pleureur. — Titre de la chanson de la cantinière. — Autre titre de chanson militaire. Trois pièces.

Crayon et lavis d'encre de Chine.

67 — Les invitations. Trois feuilles.

Caricatures à la plume et au crayon.

68 — La physiologie du billard. Trois feuilles.

A la plume et au lavis.

DECAMPS

69 — Dessin de vignette pour un conte oriental.

Ce dessin provenant d'une suite gravée est dessiné à la mine de plomb.

DELACROIX (E.)

70 — Lionnes.

Croquis à la plume.

DELAVIGNE (Casimir)

71 — Caricature. Hommage à son maître de dessin, fait à Fleury, en 1824.

Très curieux dessin à la mine de plomb.

DENEUFORGE

72 — Dessin de grilles et détails de ferronnerie. Cinq pièces.

A la plume.

DESFRICHES

73 — Petit paysage. — La tour de Montlhéry. Deux pièces.

A la mine de plomb.

DESRAIS

74 — Les métiers. Deux feuilles se divisant en trente-deux sujets.

A la plume, lavis d'encre.

75 — Caricatures. Deux feuilles se divisant aussi en trente-deux sujets.

A la plume, lavis d'encre.

76 — Procès de la veuve Morin et Aug. Delaporte.

Vue de l'ancienne place du Palais-de-Justice et intérieur de la Conciergerie. Très beau dessin à la plume avec lavis d'encre.

DESSINS

77 — Saturnales. — Panneau d'intérieur. — Sujet libre. Trois pièces.
Aquarelle et mine de plomb.

DESSUS DE BOITES

78 — Petite femme tenant un cœur. — Quatre ornements sur la même feuille. Deux pièces.

79 — La toilette de Vénus, par B. Picart. — L'amour réveillant une nymphe, par de Poilly.
Charmantes compositions.

DÉVERIA

80 — Renaud et Armide. Suite de quatre feuilles.
A la sépia.

DIÉTERLIN

81 — Vierge et Enfant Jésus, dans une niche ornée.
A la plume.

DUBOIS (Etienne, père)

82 — Dessus de portes. — Tentures. — Boudoir. — Salon. Chambre à coucher. Sept pièces.
A la plume et à l'aquarelle.

83 — Panneau. — Fleurs pour toile peinte. — Plafond. — Boudoir. Cinq pièces.

84 — Panneaux. — Décoration d'appartement. Trois pièces.

DUCERCEAU

85 — Chapiteau et coffret. Deux pièces.
Très rares dessins à la plume et lavis de bistre.

DUGOUR

86 — Décoration d'appartement.
A l'aquarelle.

DYCK (Van)

87 — Saint Jean inspiré par l'ange. — Christ au roseau sur vélin. Deux pièces.

88 — Le Christ à la colonne.
A la sanguine.

DYCK (Van) d'après

89 — Douze portraits de personnages célèbres. Douze pièces.
A la plume et au lavis.

ÉCOLE FRANÇAISE

90 — Ornementation de plafond. — Consoles. — Table. Six pièces.

91 — Coupe et pièce d'orfèvrerie, représentant le navire des armes de la ville de Paris. Deux pièces.
Ces beaux dessins sont très certainement des maquettes pour l'exécution de pièces d'orfèvrerie, offertes par la ville de Paris à un Dauphin.

ÉCOLE ITALIENNE

92 — Saint François recevant les stygmates.
Très beau dessin à la plume, du XVIe siècle.

93 — Mercure, Mars et Vénus. Deux pièces.
Charmantes compositions à la sanguine.

ÉCOLE DE PÉROUSE (1600)

94 — Enfant à genoux.
Aux deux crayons.

ÉCOLE HOLLANDAISE

95 — Panneaux. — Amours montrant un médaillon. — Cartouche représentant le mois de janvier. — Console·

A la plume et au lavis.

ÉCOLE ALLEMANDE

96 — Seigneurs et dames. Deux pièces sur la même feuille.

A la plume, lavis de bistre.

EISEN (Ch.)

97 — Haut de page, représentant des seigneurs dans une bibliothèque.

Jolie composition à la mine de plomb, datée 1776.

98 — Cul de lampe représentant un Amour tenant d'une main un médaillon et de l'autre un flambeau. Lavis au bistre. — Cul-de-lampe représentant deux enfants, tenant un médaillon. Deux pièces.

A la plume.

FANTASSI (Carolus) (1734)

99 — Ruines. Deux pièces.

Très jolies compositions ovales, à la plume lavées d'encre de Chine.

FORTY

100 — Rampes d'escaliers. Quatre pièces.

A la plume.

FRAGONARD (Honoré)

101 — Voilà le ramoneur!

Charmante composition à la plume et sanguine.

102 — La Force entraînant l'Amour, sujet rond. — Troupeaux à l'abreuvoir. Deux pièces.

Lavis.

103 — Paysage. — Panneau. Deux pièces.

104 — Faunes faisant danser l'Amour. Deux pièces.
Au crayon noir.

105 — Vénus dans les airs.
Lavis au bistre.

FRAGONARD (fils)

106 — Femme couchée et enfant, in-folio.

107 — L'Amour rendant visite à une jeune fille.
Lavis.

GATINE (A.)

108 — Costumes militaires, gravés et mis et vente chez Martinet.
Aquarelle.

GELÉE (Claude dit le Lorrain)

109 — Paysage.
Très beau dessin lavé de bistre.

GIRODET TRIOSON (1808)

110 — Etude d'homme.
Peinture à l'huile sous verre.

111 — Compositions pour la salle de bain de la princesse Pauline Napoléon, à l'Elysée. Cinq pièces, dont une plus grande que les autres.
A la plume.

GOYA

112 — Costumes de Cadix, de la Catalogne, de l'Estramadure, de l'Andalousie. Quatre pièces. Rares.
Charmants dessins à la plume.

GOYEN (Van)

113 — Paysages. Deux pièces.

GRANVILLE

114 — Le perroquet.
Beau dessin à la plume.

GRANVILLE?

115 — Le bal des chiens.
Caricature à la mine de plomb.

GRAVELOT (Hubert)

116 — Cul-de-lampe de Boccace.
A la mine de plomb.

117 — Quatre hauts de page.
A la mine de plomb.

GREUZE

118 — La fidélité.
Enfant couché sur un chien. Au lavis.

GONDOLFI

119 — Têtes de femmes et de guerriers. Deux pièces.
A la plume.

GUERCHIN (le)

120 — Sainte Madeleine.
A la plume.

GUÉRIN (Pierre)

121 — Etudes pour la tête d'Alexandre. — Guerriers. Deux pièces.
A la mine de plomb sur papier teinté.

GUILLAUMOT (A.) fils

122 — Costumes de femmes. Deux pièces.
A la mine de plomb.

HABERMANN

123 — Décoration de plafond. Deux pièces.
Plume et crayon mine de plomb.

HIRSFOGEL

124 — Chasse à l'ours.
Plume et rehauts de gouache.

HOOGE (Romain de)

125 — Titre de livre. Intérieur d'un conseil.
A la plume, lavis de bistre.

HOUEL

126 — Marché aux chevaux. — L'embarquement. Deux pièces.
Plume et lavis d'encre de Chine.

HUET (J.-B.)

127 — Fermière et son âne. Belle composition.
Aux deux crayons.

128 — Encadrements à la plume. — Enlèvement de Proserpine. Trois pièces.

JOHANNOT (Tony)

129 — Page et châtelaine. — Quatre pièces pour Jocelyn. Cinq pièces.
Au lavis.

130 — Dessins de vignettes pour les romans de Voltaire. Neuf pièces.
A la plume.

LA BELLE (Etienne)

131 — Cavalier.
Beau dessin à la plume.

LAFAGE

132 — Conception étrange d'un fou de la maison royale de Charenton, en 1820.
A la plume.

LAFITTE

133 — Génie et amour pleurant sur un tombeau.
Dessin à la plume.

Frise représentant des femmes. En tout deux pièces.
Au lavis.

LAGRENÉE

134 — Médaillons. — Tête de jeune femme. Trois pièces.
Lavis et deux crayons.

LALLEMAND

135 — Fête publique au marché des Innocents, sous Napoléon Ier.
Dessin intéressant pour servir à l'Histoire de Paris.

LANFRANC

136 — Saint ressuscitant un homme.
Plume et lavis sur papier bleu.

LA RUE

137 — Amours tenant des armes et une couronne royale. — Vases. Trois pièces.
A la plume et lavis.

LE BARBIER (l'aîné)

138 — Cincinnatus.
Très beau dessin de vignette au lavis.

139 — Vignette pour les idylles de Gessner.
Charmant dessin au lavis.

140 — Le temple de Vesta, à Tivoli. Deux pièces.
Aquarelles de forme ovale.

LEBRUN (Charles)

141 — Amours jardiniers. — Tapisseries des Muses, Thalie et Clio. Trois pièces.
Au crayon noir.

LEDOUX

142 — Barrières de Paris.
Lavis et encre de Chine.

LÉGER

143 — Décoration de l'Elysée. — Quatre décors de théâtre. Plus trois décors de théâtre de divers maîtres. En tout huit pièces.

LE MIRE

144 — Têtes de femmes. — Apothéose de Louis XVI, l'abbé Edgerworth en prières. Deux pièces.

A la plume.

LE PAUTRE (Ch.)

145 — Cariatide. — Faune et Amour. — Table. Trois pièces.

Crayon noir et sanguine.

LE SUEUR (E.)

146 — Homme labourant la terre.

Au crayon noir avec des rehauts de blanc.

LOUIS (Paul)

147 — Cartouches et caissons de plafond. Deux pièces.

A la plume, lavis d'encre de Chine.

LUCAS (de Leyde)

148 — Présentation du Christ au peuple.

Belle composition à la plume.

MANTEGNA

149 — Sujet du triomphe de César.

A la plume.

MARTINET

150 — Ecole de Danse.

Charmant dessin lavé. A été gravé.

MATHIOLLI (Louis) (1629)

151 — Paysage.

A la plume. Signé.

MINIATURES

152 — Titre de Virgile.

Très joli, les caractères Aldins du verso sont faits à la main

153 — Vingt et une feuilles renfermant cent trente-trois lettres ou frises du xve au xviie siècle. Trois lots de sept feuilles chaque.

MINIATURES PERSANES

154 — Prince sur un trône. — Seigneur à cheval. Deux pièces.

Très belles avec rehauts d'or. Etat de conservation parfait.

MONDON

155 — Panneau décoratif.

A la sanguine.

MONNIER (Henri)

156 — Je suis ganache, c'est vrai..., mais j'ai... de l'argent !!! — Avant et Après. Trois pièces sur deux feuilles.

Charmantes aquarelles.

MONNET

157 — Titre de Livre.

Très belle composition au lavis.

MONOGRAMMES

158 — Monogramme I. S. — Consoles et mascarons. — Ecole italienne.

Plume et lavis.

Monogramme H. W. B. 1599. — Chaises et bancs. — Ecole allemande. Deux pièces.

A la plume.

MOREAU (Louis)

159 — Moulin à eau.

Charmante aquarelle d'une grande fraîcheur de tons.

MOREAU (le Jeune)

160 — Cul de lampe aux armes de France.

Très beau dessin, coll. Adam. Lavis d'encre de Chine.

161 — Le Temple de Gnide.

Nous joignons à ce numéro la vignette de : Le Jugement de Pâris, qui montrerait que ce dessin a servi à la composition d'une vignette du Temple de Gnide et au titre du Jugement de Pâris. — Très beau dessin au lavis.

MOUCHERON (Isaac)

162 — Parc avec barque.

Superbe aquarelle.

163 — Parc.

Dessin à la plume, lavé.

NATOIRE

164 — Diane.

Charmant haut de porte à la sanguine.

165 — Bergère jouant de la vielle.

Au crayon noir sur papier teinté.

NICOLE

166 — Intérieur de palais romain en ruines. Deux pièces sur la même feuille.

A la plume et au lavis.

167 — Ruines et Palais. Six pièces sur deux feuilles.

Charmantes aquarelles sur un trait fait à la plume.

NILSON (J.-E.)

168 — Encadrements de portraits. Deux pièces.

Excellents dessins à la plume et lavis d'encre de Chine.

NYMEGEN (Von)

169 — Guillaume III débarquant en Angleterre. — Son couronnement. — Dessus de porte. — L'Abondance. Quatre pièces.

Ces motifs font partie de la décoration du Palais d'Amsterdam. Aquarelles.

170 — Plafonds. Quatre pièces.

Beaux motifs à l'aquarelle.

ORNEMENTS

171 — Portail de l'Oratoire des Jésuites, rue du Pot-de-fer. Faubourg Saint-Marceau.

Lavis de bistre.

172 — Lits Louis XVI. — Trois intérieurs d'appartements. Cinq pièces.

Lavis à l'aquarelle et encre de Chine.

173 — Console. — Ornements divers. Cinq pièces.

A la plume et mine de plomb.

174 — Vases italiens. Deux pièces.

Superbes dessins à la plume, lavis de bistre.

175 — Vases d'Eichel, de Saint-Non, etc. Quatre pièces.

Lavis, rehauts de blanc et mine de plomb.

176 — Frontons, frises, consoles. Six pièces.

Lavis et sanguine.

177 — Pendules, flambeaux, étendards républicains, ornements, frise, plafonds, décoration d'intérieur. Neuf pièces.

Une de ces pièces est de M. Alb. Lenoir, fondateur du musée des Petits Augustins.

178 — Bannières représentant l'Assomption.

Très belle pièce au lavis et teintes d'aquarelle,

OUDRY

179 — Singe médecin soignant une chatte.

Pièce de forme ronde, au lavis d'encre de Chine.

180 — La Folie et le Mendiant sous la forme de singe. Deux pièces.

Aquarelles.

PAJOU (Fils)

181 — La marchande d'oranges. — Les patineurs. — La famille décrépie en promenade. — Costumes. Quatre pièces.

Curieuses caricatures à la mine de plomb. Publiées chez Martinet.

181 bis — Caricatures diverses. Dix pièces.

Au crayon noir.

PANINI

182 — Ruines et personnages.

Magnifique dessin finement tracé à la plume et lavé d'encre de Chine.

PERCIER

183 — Compositions décoratives sur la même feuille.

A la mine de plomb.

PERNET

184 — Palais et pièce d'eau.

Aquarelle de forme ovale.

PEYRONNEAU

185 — Charmante tête de femme.

A la sanguine.

PHILIPPON (Charles)

186 — Ecris-lui ! etc.

Dessin n° 5 de Brouilles et Réconciliations.

A l'aquarelle. Cette pièce est signée.

PIAZETTA

187 — Tête d'homme, peinture sur papier. — Tête d'homme à longue barbe, à la sanguine. — Tête de jeune homme, aux deux crayons.

PICARD (Bernard) (1716)

188 — Colin Maillard. — Le malade imaginaire. Rares.

Dessins de vignettes pour le Molière. Au lavis d'encre et d'indigo.

PIERRE

189 — Fontaines. Trois pièces.

A la plume avec lavis d'encre de Chine.

PILLEMENT

190 — Panneaux. Deux petites pièces.
A la pierre d'Italie et touches de lavis.

191 — Superbe paysage. — Bergers et bergères. Trois pièces.
Au crayon noir.

POCHON (H.)

192 — Costumes militaires et bourgeois. Quatre pièces.
Crayon et aquarelle.

POILLY

193 — Bouquet d'œillets.
Aquarelle d'une grande finesse d'exécution, sur vélin.

POUSSIN (Nicolas)

194 — La pêche miraculeuse.
Beau dessin d'après Raphaël. A la plume et lavis de sépia. Collection Crozat n° 120 et musée Réveil n° 439.

PRIMATICE (le)

195 — Médaillon, aquarelle sur vélin. — La Sainte Famille, à la plume. — Sibylle, à la plume.

PRUDHON (P.-P.)

196 — Académie d'homme.
Magnifique dessin aux deux crayons sur papier bleu.

RAFFET

197 — Femme frappant un homme. — Le barbier du régiment. Deux pièces.
A la mine de plomb.

REGNAULT (Henri)

198 — Etudes de muletiers espagnols.
Au crayon noir.

RIDRINGA

199 — Marine.
Lavis d'encre de Chine.

ROBERT (Hubert)

200 — Cour d'une maison italienne.

Très belle aquarelle. Le monogramme R est placé au-dessus de la porte.

201 — Terrasse et fontaines.

Superbe sanguine.

202 — Le pont Notre-Dame.

Dessin historique du plus haut intérêt pour l'Histoire de Paris. Au crayon noir.

ROMAGNESI

203 — Apollon et les Muses.

Aquarelle.

ROMANELLI

204 — Tête de guerrier romain.

Peinture sur papier.

ROUSSEAU (Théodore)

205 — Une forêt.

Très beau croquis à la mine de plomb.

RUYSDAEL

206 — Arbres et chaumières.

Beau croquis à la pierre d'Italie.

SAINT-AUBIN (Gabriel)

207 — Titre et haut de page.

Dessins de vignettes. A la plume.

208 — Sacrifice à l'Amour. — L'Amour entraînant une jeune fille dans les blés. — Jeune homme et jeune fille.

Ces trois dessins sont des modèles de broches. Forme ovale. Trois pièces.

209 — Jeunes gens dessinant d'après nature une femme couchée.

Curieux dessin au crayon noir avec des rehauts de blanc.

210 — Ornements. — Chandelier. — Candélabres. — Vase. — Costumes. — Dais. Onze sujets sur trois feuilles.

SALVIATI (C.)

211 — Cartouche pour armoiries.
Plume et sanguine.

SCHONGER? (MARTIN)

212 — Tête d'homme.
A la pierre d'Italie.

SCHUBLER

213 — Chaire à prêcher.
Plume et lavis. Ce dessin est remarquable par son exécution parfaite.

SILVESTRE (ISRAEL)

214 — Pignerol en Piémont. — Siège d'une place forte. Deux pièces.
A la plume.

SPADA (VAN)

215 — Cartouches. Quatre pièces.
A la plume et lavis.

SPAENDOUCK (P. VAN)

216 — Fleurs. Cinq pièces. — Fruits et fleurs par divers maîtres. En tout onze pièces.
Plume et lavis.

SOUKENS (H.) 1699

217 — Frontispice.
Lavis d'encre de Chine.

SWEBACH

218 — Le port neuf de Toulon.
Le port de Brest.
Dessin de la plus grande rareté, à la plume.

TÉNIERS (DAVID)

219 — Paysans en voyage.
Très bon dessin au lavis.

TIÉPOLO

220 — Costume de polichinel napolitain.
Rare, à la plume, lavis d'encre.

TITRES D'OUVRAGES

221 — Petit Frontispice d'un volume elzévirien. — Les Bijoux indiscrets de Diderot. Trois pièces.

A la plume et lavis.

UDINE (Jean d'.)

222 — Croquis d'une marque de libraire. (Au verso des croquis d'ornementation pour les plats d'un volume.) Très rare. — Rinceaux pour une décoration murale. Deux pièces.

A la plume.

VAGA (Perino del)

223 — Ornements. Deux pièces.

Plume et lavis.

VASARI (L.)

224 — Le Christ mort dans les bras de la Vierge.

Belle composition à la plume.

VERNET (Joseph)

225 — La tempête. — Le port de Messine. — Paysage. Trois pièces.

Au lavis.

226 — Les bords du Tibre à Rome.

Plume et lavis d'encre.

Marine. Deux pièces.

Au crayon noir.

VERNET (Carle)

227 — Salle de spectacle (la Baignoire).

Salle de bains (la Baignoire). Deux pièces.

Charmants dessins de la plus grande rareté. Au lavis.

228 — La diligence.

Charmant petit dessin à la mine de plomb.

229 — Cosaque. — Napoléon Ier. — Chevau-légers de la garde. — Cheval de course. — Cheval arabe. Cinq pièces.

Mine de plomb et lavis,

VERNET (Horace)

230 — Mort de Poniatowski. — Attaque de blessés par les Cosaques. Deux pièces.

Au lavis. (Ces deux pièces sont gravées.)

VÉRONÈSE (Paul)

231 — Les trois Grâces.

Beau dessin à la plume.

VIEN

232 — Soupière.

Plume et lavis de bistre.

VISCONTI

233 — Hôtel Forbin, actuellement mairie du 7e arrondissement de Paris. — Trois petits paysages italiens. Quatre pièces.

A la plume et les trois autres à la mine ne plomb.

234 — Le convoi du pauvre.

A la mine de plomb et encre de Chine.

VOS (Martin de)

235 — La Pâque des Juifs. — La Cène. Deux pièces.

A la plume et au lavis.

WATTEAU (Antoine)

236 — La fuite en Egypte.

Ce dessin très fini, offre la particularité de montrer des costumes de fantaisie, genre Watteau, pour un sujet qui ne le comporte pas.

WATTEAU (de Lille)

237 — Modes de chapeaux. — Costume de femme, 1789. — Costume d'homme, 1787. Quatre pièces.

Bons dessins au lavis et mine de plomb.

WEIROTTER

238 — Paysage sur vélin.

A la mine de plomb.

WILLE

239 — Deux titres pour la mère l'Oie.
Au lavis.

240 — Amours dans les nuages. Aquarelle. — Frises. — Cartouche. — Monument funèbre. Six pièces.

WOUVERMANS

241 — Cheval ruant. — Vieux chevaux.
Aquarelles.

DIVERS

242 — Chevaux par Echard. Deux feuilles. — Anes par Louterbourg. — Chevaux par Rugendas. Quatre feuilles.

243 — Sujets religieux. La sainte famille, par C. Maratte. — Adoration des Bergers, par Pierre. — Saint Paul, par Seb. del Piombo. — Suzanne et les vieillards, par Santerre. — Trois figures de Christ, par Schiavone. — L'Annonciation, par Vannius. — Sainte Madeleine. Huit feuilles.

244 — Dessins divers. Un lot de 15 dessins.

245 — Dessins divers. Un lot de 20 dessins.

F. Aureau. — Imprimerie de Lagny.

www.ingramcontent.com/pod-product-compliance
Lightning Source LLC
LaVergne TN
LVHW020306230826
846091LV00006B/2558

* 9 7 8 2 3 2 9 5 2 0 1 6 2 *